Jan & Henry

ABENTEUER IM WALD

Text und Illustrationen
von Martin Reinl

Du kommst genau richtig. Jan und Henry sind gerade auf dem Weg in ein großes neues Abenteuer. Sie wollen eine Woche lang im Wald übernachten. Mitten in der Natur. Das wird bestimmt spannend.

Sie haben auch schon eine gemütliche kleine Waldlichtung gefunden, auf der sie ihr Lager aufschlagen wollen. Jan packt sofort die Schlafsäcke aus, und Henry kümmert sich um das Essen. Er hat einen großen Picknickkorb dabei. Hoffentlich reichen die Vorräte alle bis zum Ende des Urlaubs.

Inhalt

6. Auflage 2025

Herausgegeben von

ZEITGEIST MEDIA GmbH
Am Seestern 8, 40547 Düsseldorf

ZEITGEIST MEDIA GmbH ist ein Imprint der Panini Verlags GmbH.

Idee: Martin Reinl
Text und Illustrationen: Martin Reinl
Satz: Marcus Eckhardt
Druck: Florjančič tisk d.o.o., Maribor, Slowenien
ISBN 978-3-934046-35-1

FSC www.fsc.org MIX Paper | Supporting responsible forestry FSC® C084698

POST AUS DER STEINZEIT

Heute ist Montag. Jan und Henry haben den ganzen Tag damit verbracht, sich ihr Zeltlager herzurichten. Aus Zweigen, Ästen und einer Decke haben sie sich ein Quartier gebaut. Jetzt liegen die beiden Erdmännchen müde unter dem neuen Dach und freuen sich auf ihre erste Nacht im Wald. Fehlt nur noch der Einschlafreim:

„Alle Augen zugemacht,
wir schlafen jetzt die
ganze Nacht!“

Henry schläft sofort ein.
Nur Jan kann noch kein
Auge zumachen. Denn er
hört ein Geräusch:

„Pock! Pock! Pock!“

Um herauszufinden, was
das ist, gibt es eine ganz
einfache Lösung:
Henry fragen!

Jan beugt sich zu ihm und flüstert leise: „Henry!?“

Aber Henry schnarcht müde weiter. Also wird Jan etwas lauter:

„Heeeenry!!?“

Auch dadurch lässt sich sein Bruder nicht wecken.

Jan brüllt: „Heeeeeeeeenryyyyyyyyy!!!“

Das hat geklappt. Henry schreckt hoch und kracht mit dem Kopf gegen das Zeltdach.

„Wa-wa-was ist denn?“, stammelt er verschlafen.

„Henry, hör dir doch nur mal dieses Geräusch an!“, flüstert Jan ihm aufgeregt zu. Henry spitzt die Ohren.

„Pock! Pock! Pock!“

„Ich glaube, das ist ein Steinzeitmensch“, verkündet Jan.

„So ein Quatsch!“, entgegnet Henry. „Ein Steinzeitmensch lebt doch in einer Höhle und nicht im Wald!“

„Aber wir Erdmännchen leben sonst auch in einer Höhle und sind jetzt im Wald“, meint Jan.

„Oh, da ist was dran!“, stimmt Henry zu. „Aber wieso macht der Steinzeitmensch ‚Pock! Pock! Pock!‘?“

Jan weiß die Antwort:
„Der Steinzeitmensch macht genau wie wir Urlaub. Jetzt schreibt er eine Urlaubskarte. Und wie jeder weiß, schreibt ein Steinzeitmensch nicht mit Stift und Papier, sondern klopft seine Nachrichten in einen Stein.“

Das klingt zwar sehr verrückt, aber logisch. Am besten, sie schauen sich das Ganze mal aus der Nähe an. Also sausen sie los.

„Wo kommt es her,
das Geräusch?

Vielleicht von da?

Oder von dort?

Von diesem Ort?

Da bei dir?

Aaaah! Es kommt von …

… HIER!“

Die beiden Erdmännchen landen vor einem Baum, an dessen Stamm sie einen seltsam aussehenden Vogel entdecken.

„Hallo, seltsam aussehender Vogel“, begrüßt ihn Henry. „Kannst du uns sagen, wo der Steinzeitmensch ist?“

Der Vogel guckt die beiden verwirrt an: „Ein Steinzeitmensch? Den gibt es doch gar nicht mehr! Den gibt es nur in der Steinzeit, und die ist schon lange vorbei. Ich hab nichts gehört und gesehen. Ich war die ganze Zeit hier und habe gegen den Baum geklopft.“

Der Vogel beginnt, mit dem Schnabel gegen den Baum zu klopfen.

„Pock! Pock! Pock!“

„Das ist ja das Geräusch!“, rufen Jan und Henry aufgeregt.

„Ja, das hab ich gemacht“, sagt der Vogel. „Ich bin ein Specht. Ich klopfe immer gegen Bäume!“

„Wieso? Schreibst du eine Urlaubskarte in den Baum?“, fragt Jan.

„Nein“, zwitschert der Specht. „Ich suche nach leckeren Würmern und Insekten, die sich im Baum verstecken.“

Henry nickt: „Also, das hab ich mir ja gleich gedacht!“

„Tut mir leid, wenn ich euch geweckt habe“, entschuldigt sich der Specht. „Darf ich euch vielleicht dafür auf ein paar Würmer zum Essen einladen?“

„Ach nee, vielen Dank“, lehnen Jan und Henry ab. „Wir haben uns schon die Zähne geputzt.“

Kurze Zeit später liegen die beiden wieder in ihren Schlafsäcken.

Während Jan schon müde einnickt, grübelt Henry noch: „Wenn ein Steinzeitmensch seine Urlaubskarten in einen Stein geschrieben hat, konnte er ihn dann einfach so in einen Briefkasten werfen? Oder gab es in der Steinzeit spezielle Steinbriefkästen?“

„Was meinst du, Jan? ... Jan?“

Henry dreht sich zu seinem Bruder um. Der ist längst eingeschlafen. Henry denkt noch: „Dann muss ich ihn wohl morgen fragen.“ Dann fallen auch ihm die Augen zu.

Beide träumen nun bis Dienstag von Steinzeitmenschen, Urlaubskarten und leckeren Würmern.

DIE KNABBERFEE

Heute ist Dienstag. Jan und Henry haben den ganzen Tag versucht, alle Bäume im Wald zu zählen. Aber nach zwölf Stück haben sie aufgegeben. Sie können nämlich beide noch nicht weiter als bis zwölf zählen. Aber schon das war sehr anstrengend. Jetzt freuen sich die zwei auf die Nacht in ihrem Zeltlager.

„Alle Augen zugemacht,
wir schlafen jetzt die ganze Nacht!"

Jan will gerade einschlafen, da hört er plötzlich ein Geräusch:

„Knick, knack! Knick, knack!“

Das ist so merkwürdig, dass er sofort seinen Bruder Henry wecken muss: „Heeeenryyyy!“

Henry fällt vor Schreck aus dem Schlafsack.

„Wa-wa-was ist denn?“, wundert er sich.
Aber da hört auch er das Geräusch:

„Knick, knack! Knick, knack!“

KNICK
KNACK
KNICK
KNACK

Jan muss grinsen: „Das kann ja eigentlich nur eine gute Fee sein!“

„Meinst du so eine wie die aus unserem Märchenbuch?“, fragt Henry verwundert.

„Ja, genau“, nickt Jan. „Eine gute Fee fliegt doch den ganzen Tag durch die Gegend und erfüllt Wünsche …“

„Aber jetzt ist es doch schon Abend“, entgegnet Henry.

„Stimmt genau!“, bestätigt Jan. „Deswegen hat die gute Fee jetzt Feierabend. Sie sitzt müde vor dem Fernseher, ruht sich aus und knabbert dabei Salzstangen. Und das macht das Geräusch!“

„Aber hier im Wald gibt es doch gar keinen Fernseher“, stellt Henry fest.

Aber Jan weiß es besser: „Doch! Die Fee hat hier im Wald ein Baumhaus. Das ist voll ausgestattet mit Fernseher, Musikanlage und Kaffeemaschine. Den trinkt sie gerne zu ihren Salzstangen. Sie ist nämlich eine richtige Kaffeefee!“

Für Henry klingt das alles so verrückt, dass es stimmen muss. Er will sich das mal persönlich ansehen. Also rennen sie los.

„Wo kommt es her, das Geräusch?
Vielleicht von da?

Oder von dort?
Von diesem Ort?

Da bei dir?
Aaaah! Es kommt von …

… HIER!“

Tatsächlich landen die beiden auf einem Baum. Sie schauen sich um. Nirgendwo ist ein Baumhaus zu sehen.

„Vielleicht hat die Fee sich und das Baumhaus unsichtbar gezaubert“, vermutet Jan.

Da hören sie plötzlich eine Stimme: „Hallo! Was macht ihr denn hier oben?“

Jan und Henry drehen sich um.
Neben ihnen sitzt ein Eichhörnchen.

„Wir suchen die gute Fee, die hier oben in ihrem Baumhaus Salzstangen knabbert“, erklärt Henry.

Das Eichhörnchen wundert sich.
„Da müsst ihr euch irren!
Ich hüpfe hier schon die ganze Zeit durch die Äste und habe keine Fee gesehen. Und auch kein Baumhaus! Aber ich kann ja gerne noch mal gucken.“

Schneller, als die beiden Erdmännchen mit ihren Blicken folgen können, springt das Eichhörnchen nun zwischen den Bäumen hin und her. Und dabei hört man laut die Äste knacken:

„Knick, knack! Knick, knack!“

„Ach, das Geräusch kam von dir!“, erkennt Jan.

Worauf Henry nur murmelt: „Na, das hab ich mir ja gleich gedacht! Also werden hier gar keine Salzstangen geknabbert?“

Das Eichhörnchen kichert: „Nein, ich knabbere höchstens Nüsse. Salzstangen sind mir viel zu salzig.“

Kurze Zeit später liegen Jan und Henry wieder in ihren Schlafsäcken. Henry rätselt noch, was sich so eine Fee wohl abends im Fernsehen anguckt. Vielleicht Märchenfilme?

Er will noch seinen Bruder Jan fragen, aber der schläft schon. Also legt auch Henry sich erst mal hin.

Beide träumen nun bis Mittwoch von guten Feen, Baumhäusern und ganz vielen Salzstangen.

DAS ZEBRA IN DER BADEWANNE

Heute ist Mittwoch. Jan und Henry haben den ganzen Tag versucht, die Bäume hochzuklettern wie ein Eichhörnchen. Ganz bis nach oben zur Baumspitze haben sie sich aber nicht getraut.

Sie bleiben lieber auf der Erde. Schließlich sind sie ja auch Erdmännchen und keine Baummännchen. Müde vom Tag liegen sie nun in ihrem Quartier.

„Alle Augen zugemacht,
wir schlafen jetzt die ganze Nacht!“

Jan will gerade anfangen zu träumen, da wird er von einem Geräusch gestört:

„Schlüpp! Schlüpp! Schlüpp!“

Er steht kerzengerade in seinem Schlafsack und lauscht.

Vielleicht sollte er doch besser seinen Bruder Henry wecken.

„Heeeeeeeeeenryyyy!!!!“, brüllt Jan so laut, dass Henry vor Schreck aufspringt und fast das ganze Zelt umwirft.

„Wa-wa-was ist denn? Sag bloß, du hast schon wieder ein Geräusch gehört! Ist es wieder ein Specht? Oder ein Eichhörnchen?“

Jan schüttelt den Kopf: „Nein, diesmal ist es ein Zebra!“

Noch bevor Henry etwas dagegen sagen kann, erklärt Jan die Angelegenheit: „Das Zebra hat in einer Zeitschrift gelesen, dass Streifen zurzeit gar nicht mehr in Mode sind.“

„Oh, das arme Zebra!“, bedauert Henry. „Es hat doch so viele Streifen!“

„Genau! Deswegen versucht es jetzt, mit einem dicken, nassen Schwamm all seine Streifen abzuwaschen. Und der Schwamm macht ‚Schlüpp! Schlüpp! Schlüpp!'", erklärt Jan.

„Sehr schlau!", findet Henry. Und die beiden beschließen, dem Zebra beim Waschen zu helfen. Nichts wie hin …

„Wo kommt es her,
das Geräusch?

Vielleicht von da?

Oder von dort?

Von diesem Ort?

Da bei dir?

Aaaah! Es kommt
von …

… HIER!“

Sie landen bei einem kleinen Waldsee.

„Bestimmt wäscht sich das Zebra in diesem See!“, kombiniert Jan.

Henry findet das ebenso einleuchtend. Eine Badewanne im Wald wäre ja auch Quatsch. Sie sehen sich ein wenig um und treffen …

… einen Fuchs.

„Sieh mal, Jan!“, staunt Henry. „Das Zebra hat schon alle Streifen runtergewaschen und sich wie ein Fuchs angemalt!“

„Oh, das sieht aber sehr schick aus!“, findet Jan.

Der Fuchs guckt die beiden schräg an: „Was faselt ihr denn da? Ich bin doch kein Zebra! Ich bin wirklich ein Fuchs!“

„Ach, wirklich? Aber woher kam dann das Geräusch?“, wollen die Erdmännchen wissen.

Aber der Fuchs sagt: „Ich hab nichts gehört! Ich war die ganze Zeit hier und hab Wasser aus dem See getrunken.“

Der Fuchs beugt sich zum Wasser und schlabbert mit seiner Zunge los:

„Schlüpp! Schlüpp! Schlüpp!“

Jan und Henry trauen ihren Ohren nicht: „Daher kam also das Geräusch!“

Henry kann dazu nur eins sagen: „Das hab ich mir ja gleich gedacht!“

Etwas später liegen Jan und Henry wieder unter ihrem Zeltdach. Jan gähnt und legt sich hin. Henry hat aber noch ganz viele Fragen im Kopf:

„Was würde sich ein Zebra denn für ein Muster aussuchen, wenn es keine Streifen hätte? Vielleicht Punkte? Oder Karos?"

„Was meinst du, Jan? … Jan?" Jan schläft aber schon.

„Dann muss ich ihn wohl morgen fragen."

Henry legt nun ebenfalls den Kopf aufs Kissen.

Beide träumen bis Donnerstag die ganze Nacht von Zebras, nassen Schwämmen und ganz vielen modischen Mustern.

DIE RÖCHELNDE OPERNSÄNGERIN

Heute ist Donnerstag. Jan hat am Nachmittag im Wald einen total lustig geformten Stock gefunden, den er die ganze Zeit bewundert.

Henry guckt skeptisch: „Was willst du denn mit diesem alten Ast?“

„Ich weiß es noch nicht, Henry. Vielleicht kann man den als Spazierstock verwenden? Oder vielleicht kann man damit das Licht ausschalten, wenn einem der Schalter zu weit weg ist?“

Hier im Wald muss man das Licht allerdings gar nicht ausschalten. Dunkel wird es gleich von allein. Deswegen legen die beiden sich nun auch schon mal in ihr Nachtquartier.

„Alle Augen zugemacht,
wir schlafen jetzt die ganze Nacht!“

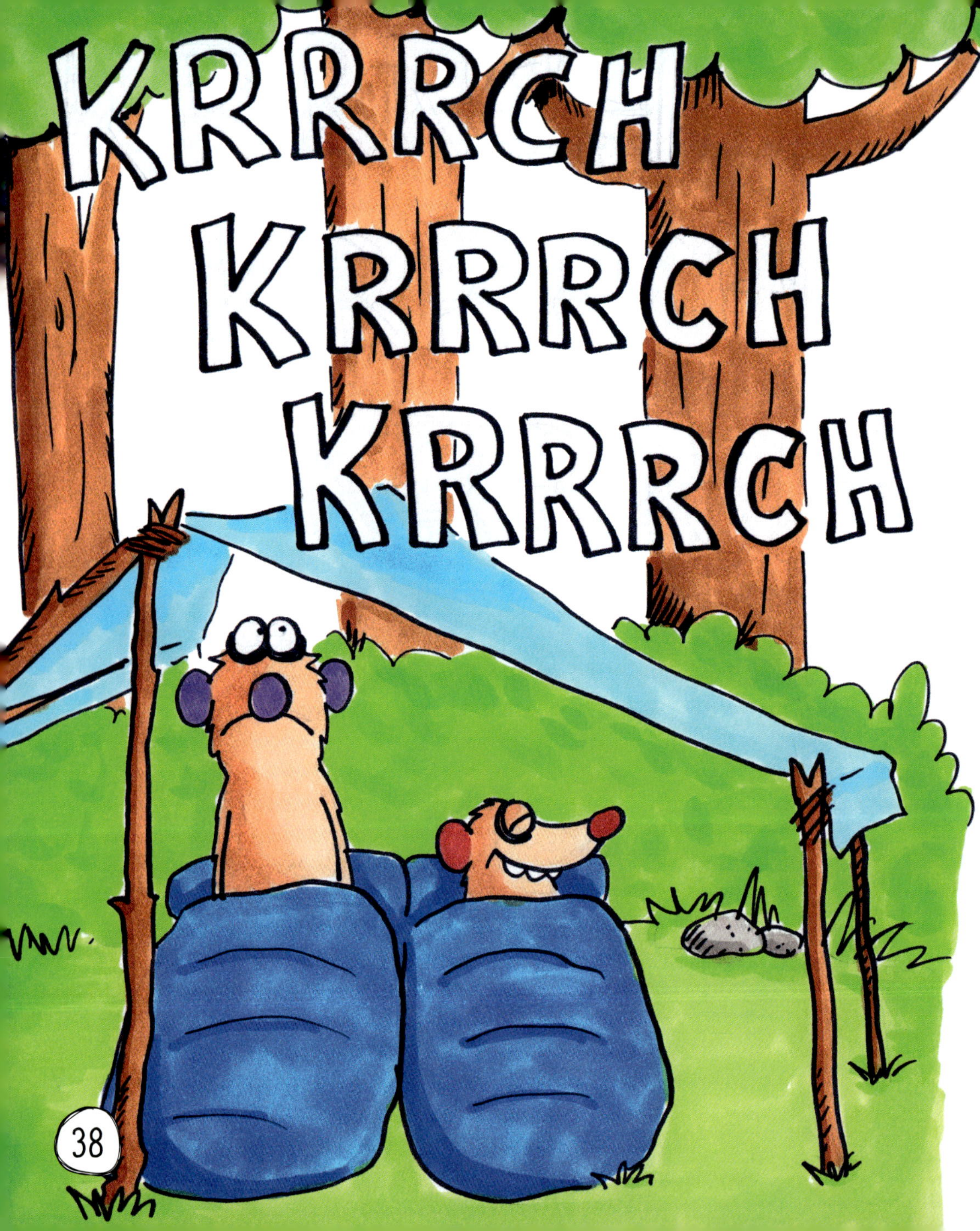

Doch auf einmal ertönt ein Geräusch:

„Krrrch, krrrch, krrrch!“

Jan schreckt auf und weckt sofort seinen Bruder Henry: „Heeenryyyyy!“

Henry fällt beinahe schon wieder aus dem Schlafsack, aber Jan kann ihn gerade noch mit seinem Stock auffangen.

„Jetzt wissen wir, wofür der Stock gut ist! Es ist ein Damit-Henry-nicht-aus-dem-Schlafsack-fällt-Stock“, grinst Jan.

„Und deswegen weckst du mich?“, grummelt Henry.

„Nein, Henry … Ich habe dich geweckt, weil ich ein Geräusch gehört habe!“

Nun hört auch Henry das Geräusch.

„Krrrch, krrrch, krrrch!“

Jan geht ein Licht auf: „Ich glaube, ich weiß, was das ist! Das ist eine große, dicke Opernsängerin!“

Henry glaubt das nicht: „Was? Aber eine Opernsängerin kann doch ganz schön und toll singen! Dieses kratzige Geräusch klingt weder schön noch toll!“

KRRRRCH
KRRRRCH
KRRRCH

Aber natürlich hat Jan mal wieder eine Erklärung parat: „Die Opernsängerin hat heute ganz viel zu Abend gegessen. Dabei ist ihr eine Fischgräte im Hals hängen geblieben. Jetzt röchelt sie die ganze Zeit … und heraus kommen nur noch diese Töne!“

Henry ist besorgt: „Oh, nein! Wir müssen ihr einen Schluck Wasser bringen! Dann flutscht die Fischgräte bestimmt ganz schnell ihren Hals runter und sie kann wieder singen.“

Ein guter Plan. Sie rennen los.

„Wo kommt es her, das Geräusch?
Vielleicht von da?

Oder von dort?
Von diesem Ort?
Da bei dir?
Aaaah! Es kommt von …

… HIER!“

Jan und Henry stehen vor einem Wildschwein. Jan muss ein bisschen lachen: „Guck mal, Henry! Die Opernsängerin sieht aus wie ein Wildschwein!“

„Hallo, ihr zwei“, grunzt ihnen das Wildschwein freundlich entgegen. „Kann ich was für euch tun?“

„Nein, aber wir für dich“, antwortet Henry.

„Wir wollten dir einen Schluck Wasser geben. Dann kannst du gleich wieder deine schönen Opern singen!“

Das Wildschwein wundert sich: „Wie bitte? Ich kann gar nicht singen, ich kann nur grunzen. Ich bin ein Wildschwein.“

Jan versteht das nicht: „Aber wir haben doch dieses Geräusch gehört … Du etwa nicht?“

„Nein, ich hab nichts gehört“, sagt das Wildschwein. „Ich hab mich hier die ganze Zeit an diesem Baum geschubbert … Ungefähr so!“

Das Wildschwein lehnt sich gegen einen Baum und beginnt, sich zu kratzen.

„Krrrch, krrrch, krrrch!“

„Das ist ja das Geräusch!“, rufen Jan und Henry gleichzeitig. Und Henry schiebt noch hinterher: „Das hab ich mir ja gleich gedacht!“

„Wisst ihr, mich juckt es immer ganz fürchterlich am Rücken! Und da komm ich mit meinen kurzen Haxen nicht ran. Deswegen nehme ich den Baum zum Kratzen“, erklärt das Wildschwein.

Jan hat eine Idee: „Wenn das so ist, dann hab ich ein tolles Geschenk für dich.“ Er zieht seinen Stock hervor: „Dies ist ein spezieller Wildschwein-am-Rücken-kratz-Stock!“

Das Wildschwein freut sich so sehr, dass es vor Freude am liebsten ein Lied singen möchte. Es kommt allerdings nur Grunzen heraus. Jan und Henry spazieren zufrieden zurück zu ihrem Zelt.

„Gibt es eigentlich eine Oper mit Wildschweinen?“, fragt Henry seinen Bruder Jan, als sie wieder im Bett liegen. Aber Jan ist längst eingeschlafen. Dann muss er ihn wohl morgen fragen.

Henry legt sich daneben, und beide träumen nun bis Freitag von singenden Wildschweinen, Opernsängerinnen und ganz vielen praktischen Stöcken.

DAS STINKTIER MIT DEM RASENMÄHER

Heute ist Freitag. Jan und Henry haben sich für die Nacht was Neues ausgedacht: Da Henry immer wieder das Zelt umwirft, haben sie sich aus dem Dach eine Hängematte gebaut. Eine Hängematte kann man nicht umwerfen! Also wird es diesmal sicher eine ruhige Nacht für die beiden.

„Alle Augen zugemacht,
wir schlafen jetzt
die ganze Nacht!“

Doch ganz so ruhig wie erwartet wird es leider doch nicht, denn Jan hört direkt wieder ein neues Geräusch:

„Röööhr! Röööhr! Röööhr!“

Weil Henry das mal wieder nicht mitbekommt, muss er natürlich schnell geweckt werden.

Jan brüllt:

„Heeeenry!!!“

Und da sie beide in der gleichen Hängematte liegen, fliegen sie diesmal beide in hohem Bogen heraus und auf den Boden.

„Wa-wa-was ist denn?“, will Henry wissen, als er sich wieder aufrappelt.

„Na, rate mal“, meint Jan nur. „Da ist mal wieder ein Geräusch!“

Sie hören beide noch mal hin:

„Röööhr! Röööhr! Röööhr!“

Wie so oft hat Jan direkt wieder eine Erklärung dafür: „Ich glaube, das ist ein Stinktier!“

Und Henry ist wieder skeptisch: „Ich wusste gar nicht, dass Stinktiere überhaupt Geräusche machen. Ich dachte, die stinken nur!“

Jan gibt ihm recht: „Das tun sie auch. Deswegen mögen so viele Leute das Stinktier auch nicht. Es ist ganz einsam.“

Das findet Henry traurig: „Wie gemein! Das Stinktier kann doch nichts dafür, dass es so stinkt. Kann es denn nichts machen, dass die Leute es mögen?“

Jan nickt: „Doch! Das tut es schon. Es mäht für alle den Rasen. Umsonst!“

„Ach, das ist aber wirklich nett“, findet Henry.

„Ja, und das Geräusch, das wir da hören, ist der Rasenmäher!“, schlussfolgert Jan.

Sein Bruder Henry findet das zwar sehr albern, aber da sie beide das Geräusch hören, muss es ja wohl stimmen. Sicherheitshalber gehen sie aber noch mal nachgucken.

„Wo kommt es her, das Geräusch?
Vielleicht von da?
Oder von dort?
Von diesem Ort?

Da bei dir?
Aaaah! Es kommt von …

… HIER!“

Sie landen zwischen ein paar Ästen, von denen aus sie eine gute Übersicht über den Wald haben. Aber so sehr sie sich auch umschauen, sie können kein Stinktier sehen. Nicht mal einen Rasenmäher. Und einen Rasen schon gar nicht.

Mit einem Mal beginnen die Äste, sich zu bewegen. Die beiden Erdmännchen bekommen einen riesigen Schreck. Aber dann bemerken sie, dass sie gar nicht auf einem Baum sitzen, sondern im Geweih von einem Hirsch.

„Du hast uns vielleicht erschreckt“, atmet Henry auf.

„Oh, das tut mir leid“, antwortet der Hirsch. „Aber was macht ihr hier? Sucht ihr was?“

„Ja, wir suchen das Stinktier mit dem Rasenmäher“, verrät Jan.

Aber der Hirsch kann ihnen da nicht weiterhelfen. Er hat kein Stinktier gesehen – und gerochen hat er es auch nicht.

„Und was machst du hier?“, wollen die beiden Erdmännchen wissen.

„Na, ich röhre hier!“, sagt der Hirsch.

„Hä? Was denn für eine Röhre?“, wollen Jan und Henry wissen.

Der Hirsch erklärt den beiden, was das heißt: „So nennt man diesen Ton, den ich mache. Hört mal!“

Der Hirsch baut sich auf und röhrt los:

„Röööhr! Röööhr! Röööhr!“

„Ach, du hast das Geräusch gemacht!“, sagt Jan.

Und was sagt wohl Henry? Genau: „Das hab ich mir ja gleich gedacht!“

Aber Jan versteht es trotzdem noch nicht so ganz: „Warum machst du denn diesen Ton?“

Der Hirsch verrät es den beiden: „Das mache ich, um andere Hirsche zu beeindrucken, damit sie mich mögen!“

Jan und Henry finden das zwar etwas seltsam, aber Hirsche finden so was scheinbar gut. Die Geschmäcker sind halt verschieden.

„Weißt du was, Hirsch?“, meint Jan noch. „Wenn es mit diesem Ton nicht klappen sollte, dann mach es doch wie das Stinktier und mäh den anderen Hirschen einfach den Rasen! Dann mögen die dich bestimmt!“

Lachend spazieren die Erdmännchen zurück in ihr Lager.

Dort bauen sie schnell ihr Zelt wieder auf und legen sich hinein. Die Idee mit der Hängematte war doch etwas zu wackelig.

Während Jan schon schlummert, denkt Henry noch nach: „Könnte ein Stinktier sich nicht einfach mal mit Parfüm einsprühen? Dann riecht es besser und muss nicht so einen Krach mit dem Rasenmäher machen.“

„Was meinst du, Jan? … Jan?“

Aber Jan schläft natürlich schon. Also macht Henry das jetzt auch.

Beide schlafen nun bis Samstag und träumen von Stinktieren, Hirschen und ganz vielen frisch gemähten Rasen.

DER BOXER MIT DEM HANDY

Heute ist Samstag. Jan und Henry haben den ganzen Tag im Wald Tannenzapfen gesammelt und sich daraus kleine Männchen gebastelt. Die haben sie alle rund um ihr Nachtlager aufgestellt.

„Die bewachen uns, wenn wir schlafen!“, verkündet Henry.

„Dazu müssen wir aber noch etwas ganz Wichtiges erledigen“, fügt Jan hinzu. „Nämlich einschlafen!“

Das ist schnell erledigt.

„Alle Augen zugemacht,
wir schlafen jetzt die ganze Nacht!“

Mit einem lauten Rums fallen sie auf ihre Kissen.
Doch plötzlich ist da wieder ein Geräusch:

„La la la la la laaaaa!“

Jan steht genauso gerade wie die Zapfenmännchen vor seinem Bett. Der Einzige, der noch schläft, ist Henry. Aber nicht mehr lange, denn er muss schnell geweckt werden.

„Heeeenryyyyyyyyyy!“

Henry fällt aus dem Bett. „Wa-wa-was ist denn? Du musst mich doch nicht wecken! Ich denke, die Zapfenmännchen passen diese Nacht auf uns auf?“, brabbelt er noch ganz verschlafen.

Jan kommt zu ihm gehüpft: „Ja, schon …
Aber trotzdem ist da so ein Geräusch.
Ich glaube, es ist ein Profiboxer!“

Henry hört noch mal genau hin
und meint: „Ich finde, das klingt ein
bisschen wie Gesang. Ein Boxer
singt doch nicht!“

„Henry, das weiß ich doch auch“, sagt Jan. „Der Boxer hat sich aber doch ein neues Smartphone gekauft. Jetzt ist er gerade dabei, sich einen Klingelton auszusuchen! Weil er aber diese dicken Handschuhe anhat, kann er die Töne nicht richtig anklicken und spielt immer wieder dasselbe Lied ab!“

Henry bekommt Mitleid: „Das ist ja blöd! Vielleicht sollten wir mal hingehen und ihm bei der Musikauswahl helfen?“

Sie rennen los.

„Wo kommt es her, das Geräusch?
Vielleicht von da?
Oder von dort?
Von diesem Ort?
Da bei dir?
Aaaah! Es kommt von …

… HIER!“

Zu ihrer Verwunderung treffen die beiden im Wald nun aber keinen Boxer, sondern ein kleines Mädchen mit einem roten Käppchen und einem Korb.

Henry hat den Eindruck, das Mädchen zu kennen: „Nanu? Dich haben wir doch schon mal irgendwo gesehen?“

„Das kann gut sein“, sagt das Mädchen. „Ich laufe oft hier durch den Wald und besuche meine kranke Großmutter!“

„Hast du denn keine Angst, so allein durch den Wald zu laufen?“, fragt Jan.

„Aber nein!“, antwortet das Mädchen. „Ich singe mir doch immer ein kleines Lied zum Mutmachen vor. Ich kann gut singen! Hört mal …“

Das Mädchen beginnt, so laut und angestrengt zu singen, dass sein Kopf fast röter wird als sein Käppchen:

„La la la la la laaaaa!“

„He! Das ist ja das Geräusch, das wir gehört haben“, stellt Jan fest.

Henry murmelt nur: „Das hab ich mir ja gleich gedacht!“

Das Mädchen will schon weitergehen, da haben Jan und Henry noch eine Idee: „Hier … Wir schenken dir eins von unseren Zapfenmännchen! Das kann dich beschützen, wenn du hier allein durch den Wald läufst. Zum Beispiel vor einem Wolf, der dich auffressen will!“

Das Mädchen freut sich sehr über das Männchen: „Vielen Dank! Das werde ich jetzt immer mitnehmen. Und falls der Wolf kommt, hab ich ja zur Verteidigung auch immer noch meine Boxhandschuhe dabei!“

Zum großen Erstaunen von Jan und Henry zieht das Mädchen ein paar schicke Boxhandschuhe aus seinem Korb. Farblich perfekt abgestimmt auf das Käppchen. Dann kann ja jetzt nichts mehr schiefgehen.

Kurze Zeit später liegen Jan und Henry wieder in ihren Schlafsäcken. Henry überlegt noch: „Wo hab ich dieses Mädchen schon mal gesehen? Vielleicht in einem Buch? Aber was soll das denn für eine Geschichte sein, in der ein Mädchen mit einer roten Kappe durch den Wald läuft?“

„Was meinst du, Jan? ... Jan?“

Aber Jan schläft schon. Auch die Zapfenmännchen machen ein Nickerchen. Also legt sich nun auch Henry hin.

Alle schlafen nun bis Sonntag und träumen von Profiboxern, roten Käppchen und ganz vielen Klingeltönen.

DIE HÜPFENDEN ÄPFEL

Heute ist Sonntag. Jan und Henry haben schon fast alle ihre Sachen gepackt, denn morgen geht es für die beiden wieder zurück nach Hause in die Erdmännchen-Höhle. Henry packt alle restlichen Vorräte in einen Korb.

„Da sind noch so viele Sachen übrig, die würden glatt noch für eine weitere Woche reichen. Jetzt müssen wir morgen den schweren Korb wieder nach Hause schleppen“, murmelt er, als er sich zu Jan in den Schlafsack legt.

Nun heißt es ein letztes Mal im Wald:

„Alle Augen zugemacht,
wir schlafen jetzt die
ganze Nacht!“

Henry schläft wie immer als Erster ein, während Jan schon wieder ein Geräusch hört:

„Krabbel, krabbel, krabbel!“

Von all den Geräuschen, die er diese Woche schon gehört hat, ist das mit Abstand das seltsamste. Das soll sich Henry unbedingt mal anhören! Also wird er geweckt: „Heeeeeeenry!!!“

Natürlich fällt Henry wieder aus dem Schlafsack, und natürlich fragt er völlig verwirrt: „Wa-wa-was ist denn? Musst du mich denn jede Nacht wecken?“

Jan ist das ein wenig unangenehm: „Tut mir leid, Henry, aber ich dachte, dich interessieren die hüpfenden Äpfel!“

Henry versteht kein Wort: „Was für Äpfel? Warum hüpfen die?“

Jan erklärt es: „Na, hör dir doch das Geräusch an! Das sind Äpfel, die ganz schnell herumrennen und -hüpfen. Das machen sie, damit sie schöne rote Backen bekommen! Denn wenn man ganz viel an der frischen Luft ist und herumhüpft, dann bekommt man rote Backen. Das weiß doch jeder!“

Henry will das nicht so recht glauben und sich lieber selbst mal ansehen, woher das Geräusch kommt. Sie rennen los.

„Wo kommt es her, das Geräusch?
Vielleicht von da?
Oder von dort?
Von diesem Ort?

Da bei dir?
Aaaah! Es kommt von …

… HIER!“

Erstaunlicherweise landen sie genau da, wo sie losgelaufen sind: bei ihrem Zelt. Das Geräusch kam scheinbar genau von hier. Henry ist davon überzeugt, dass Jan sich geirrt hat. Denn einen hüpfenden Apfel haben sie ganz bestimmt nicht bei ihren Sachen.

Doch genau in diesem Moment spaziert einer an den beiden Erdmännchen vorbei.

„Siehst du, was ich sehe, Jan?“, fragt Henry fassungslos.

„Ja, Henry! Ein hüpfender Apfel!“ Ausnahmsweise sagt nun Jan einmal das, was sonst immer Henry sagt: „Das hab ich mir ja gleich gedacht!“

Jan dreht sich um und entdeckt noch mehr: „Sieh mal! Nicht nur der Apfel will rote Backen bekommen! Auch das Würstchen, die Banane und die Limoflasche!“

Alle Vorräte aus ihrem Picknickkorb spazieren durch die Gegend. Jan und Henry wittern, dass da was nicht stimmt und nehmen das Ganze genauer unter die Lupe.

„Sieh dir das an!“, ruft Jan, als er den Apfel hochhebt.

„Das sind ja lauter Ameisen, die unsere Vorräte herumtragen!“

Henry versteht nun: „Daher kamen also die Krabbelgeräusche! Von den Füßen der Ameisen.“

„Oh, Verzeihung!“, piepst die Oberameise. „Wir haben gehört, dass ihr morgen abreist, und dachten, ihr braucht die Sachen nicht mehr. Wir Ameisen sind immer so hungrig!“

Henry ist fast ein wenig erleichtert, denn ihm war der Korb ja eh zu schwer: „Also, wenn ihr wollt, könnt ihr alles haben! Dann müssen wir das morgen nicht nach Hause schleppen."

Aber Jan hat noch eine viel bessere Idee: „Wie wäre es denn, wenn wir zum Abschluss des Urlaubs ein großes Fest machen und die Sachen mit all unseren neuen Freunden hier im Wald teilen?"

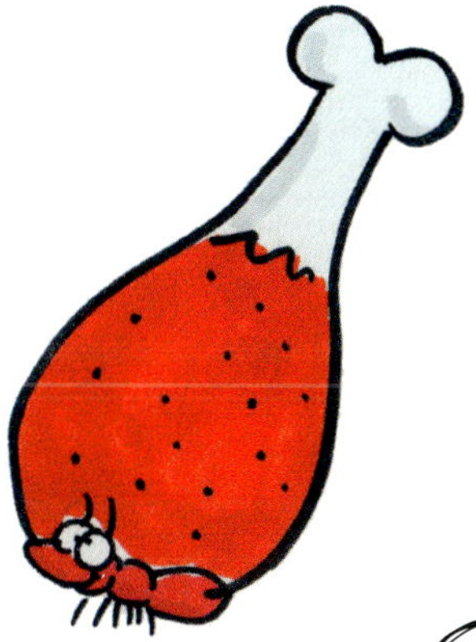

Schnell sind alle eingeladen, und alle feiern gemeinsam ein großartiges Fest. Jan und Henry hatten diese Woche so viel Spaß, dass sie darüber nachdenken, einfach noch eine Woche zu bleiben.

Alles, was sie dafür tun müssen, ist, an den Anfang von diesem Buch zurückzublättern … Und schon ist es wieder Montag! Kommst DU mit?